Doris Dörrie

Einladung zum Schreiben

Diogenes

Diogenes Verlag AG Zürich
www.diogenes.ch
150/20/852/1
ISBN 978 3 257 07110 8

Mach einfach!
Nike, griechische Siegesgöttin

Wann, wenn nicht jetzt?

INHALT

VORWORT

Dieses Schreibjournal ist entstanden auf Anregung von vielen Leserinnen und Lesern, die sich nach dem Buch *Leben, schreiben, atmen* noch mehr Schreibtipps und Inspiration gewünscht haben. Man braucht aber das Buch nicht zu kennen, um jetzt und hier und sofort mit dem Schreiben anfangen zu können. Ich bin der Überzeugung, dass jeder schreiben kann und dass das Schreiben über sich selbst eine Tätigkeit ist, die einen im eigenen Leben verankert und nebenbei ziemlich glücklich macht. Das hat (meist) nichts mit narzisstischer Nabelschau zu tun, es geht vielmehr darum, aufmerksamer Zeuge des eigenen Lebens zu sein. Wenn man schreibt, schreibt man immer über sich selbst. Schreibend halte ich mich am Leben und überlebe. Jeden Tag wieder. Ich schreibe, um einen Sinn zu finden, obwohl es am Ende wahrscheinlich keinen gibt. Schreibend erinnere ich mich an mich selbst. Schreibend erforsche ich die Welt. Meine Welt. Ich schreibe, um diese unglaubliche Gelegenheit, am Leben zu sein, ganz genau wahrzunehmen und zu feiern. Der Kosmos von Eindrücken in unseren Gehirnen ist ein großer Schatz (und auch oft großer Mist, keine Frage). Die Erinnerungen, die aufsteigen, sind unser Besitz. Sie machen uns aus. Sie erzählen, wie wir bis hierhergekommen sind, an diesen Punkt in unserem Leben. Sie versetzen uns gleichzeitig in die Vergangenheit und Gegenwart unserer Existenz, mit all ihrer Schönheit und ihrem Schrecken.

Und so ist dies also eine weitere Einladung, die Schatzkiste der eigenen Erinnerungen zu öffnen und zu begreifen, dass niemand sonst auf dieser Welt genau diesen Schatz besitzt, ihn hervorzuholen, abzustauben und zu beschreiben. Tag für Tag und Zeile für Zeile dem Glück und Unglück der eigenen Existenz nachzuspüren. Es ist egal, ob man zwanzig oder neunzig Jahre alt ist. Entscheidend ist die Bereitschaft, sich in die eigene Geschichte fallen und darin treiben zu lassen, und die Genauigkeit, mit der man sie aufschreibt. Jedes Detail. Mit allen fünf Sinnen. Wie hat es sich genau angefühlt? Wie gerochen? Wie geschmeckt? Wie hat es ausgesehen? Wie sich angehört?

Hier die Regeln, die manchen schon bekannt sind:
Zehn Minuten am Stück schreiben.
Ohne Unterbrechung.
Mit der Hand.
Nicht nachdenken.
Nicht kontrollieren.
Nicht bewerten.
Blödsinn zulassen.

Es geht darum, aufmerksam und vorurteilsfrei dem eigenen Gehirn zuzuschauen und zuzuhören und das, was dort wild aufflackert, aufzuschreiben. In all seiner Banalität und Komplexität, denn das gehört zusammen. Was ist in dem riesigen Labyrinth meines Gehirns gespeichert? Welche Assoziationen schlummern dort? Wie verschlungen sind die Wege von einer zur anderen Erinnerung? Wie kann ich ihnen schreibend folgen?

Um das zu tun, muss ich all die Gedanken, die mich davon abbringen wollen, verbannen. Mich nicht schämen. Mich trauen, Blödsinn zu schreiben. Aber das ist schwierig, denn wir wollen alles unbedingt immer richtig und ohne Fehler machen. Nicht scheitern. Beim Schreiben scheinen diese Erwartungen an uns selbst besonders hoch zu sein. Aber hier gibt es kein Richtig und kein Falsch. Kein Gut oder Schlecht. Keine rot angestrichenen Fehler. Es gibt nur uns selbst, und keiner schaut uns zu. Wer sind wir, wenn uns keiner zuschaut?

Wofür schämen wir uns? Wir schämen uns, dass wir uns anmaßen, über uns selbst zu schreiben, wir schämen uns für unser kleines Leben, für unsere Unzulänglichkeiten, unsere Lügen, unsere enttäuschten Erwartungen an das Leben und an uns selbst. Dieser Scham entkommt man nur, indem man nicht nachdenkt, sondern weiterschreibt, nicht bewertet. Am härtesten bewerten wir uns selbst. Ein großer schwarzer Rabe sitzt auf unserer Schulter und krächzt in einem fort: Du kannst es nicht.

Dem Raben stopft man am wirkungsvollsten den Schnabel, wenn man keine Pause macht und den Stift immer weiter über das Papier bewegt. Immer weiterschreibt. Weiter und weiter. Am besten mit der Hand, denn die Hand sind wir selbst. Stromunabhängig. Autark. Unsere Handschrift gehört zu uns wie unsere Stimme.

Der Trick ist, einfach loszulegen, zehn Minuten lang ohne nachdenken zu schreiben, die eigene Erinnerung und die gesamte Welt als Inspirationsquelle zu begreifen. Die Welt einatmen.

Schreib so konkret wie möglich, zuerst über die Kindheit, weil man sich als Kind alles so genau gemerkt hat, die Wahrnehmung noch so scharf war. Ist es nicht überwältigend, wie genau wir uns oft erinnern können? Wie verschüttet geglaubte Erinnerungen unverhofft auftauchen, in all ihrer Farbigkeit und Plastizität? Das göttliche Detail streicheln, so hat Nabokov es genannt. Kein Detail auslassen. Sich mit aller Macht erinnern und den Gedankenstrom protokollieren. Ob es die Wahrheit ist? Das ist nicht wichtig. Wir alle sind Fiktion. Wir erzählen uns alle ständig Geschichten über uns selbst.

Hier ist eine Zauberformel:

Ich erinnere mich an …

Wenn dir nichts mehr einfällt, mach keine Pause, kau nicht am Stift, renn nicht zum Kühlschrank, wandere nicht ab ins Netz, sondern schreib diese vier Wörter immer wieder auf, bis dir wieder etwas einfällt. Das wird es. Ganz bestimmt. Und du wirst dich selbst überraschen.

Schreib in der Gegenwartsform, denn sie holt die Erinnerung noch plastischer zurück. Schreiben ist, wie mit der Vergangenheit zu telefonieren und sie in die Gegenwart zu holen. Alles wird gegenwärtig. Ist wieder da. Jetzt.

Schreib jetzt.

Schreib kreuz und quer durch dieses Journal oder hintereinanderweg, ganz wie du willst, aber glaub nicht, dass dir zu einem Thema überhaupt nichts einfällt. Wenn du dich wirklich treiben lässt, trägt es dich zu etwas anderem, zu dem dir mit einem Mal sehr viel einfällt. Sei geduldig mit dir selbst, und schreib einfach immer weiter. Kümmer dich um nichts anderes. Zehn Minuten lang. Beweg den Stift über das Papier, und lass dich von dir selbst überraschen.

PS: Eine kleine Warnung: Wenn du unzensiert und unkontrolliert schreibst, kann es sein, dass es jemanden verletzt. Also lass dieses Schreibjournal nicht herumliegen, sondern pass gut darauf auf.

SCHREIBINSPIRATIONEN

1. GUMMIBÄRCHEN

Schreib über Gummibärchen. Welche Farbe war deine liebste? Welche Bärchen hast du aussortiert? Wo hast du sie gegessen? Im Kino? Vor dem Fernseher? Wer hat sie dir geschenkt? Wie haben sie geschmeckt? Wie gerochen? Magst du sie am liebsten weich oder hart? Isst du vegane Gummibärchen? Überhaupt keine Gummibärchen? Iss ein Gummibärchen – und erinnere dich.

Wir sind alle Geschichtenerzähler.
Vielleicht macht uns das zu Menschen.

2. BETT

Schreib über ein Bett und am besten gleich am Morgen im Bett. Nutze diesen leicht somnambulen Zustand, denn da ist der innere Kritiker, der Rabe, noch nicht wach, und wir sind ein bisschen mutiger, freier, wilder. Erinnere dich an dein Kinderbett. Die Bettdecke, das Bettzeug, das abgenagte Ohr von deinem Schlaftier, die Wand neben dem Bett, die Tapete. Das Licht an der Decke. Schreib über alle Betten, in denen du geschlafen hast. Oder wach gelegen bist.

3. ESSEN

Schreib über Essen in deiner Kindheit. Ein Lieblingsessen oder ein Essen, das du nicht ausstehen konntest. Wie sah der Tisch aus, an dem du gesessen hast? Wer saß noch dort? Wo saßen die Eltern, die Geschwister? Gab es eine bestimmte Tischdecke? Einen Lieblingsteller? Hast du schnell gegessen oder langsam? Wurde geredet, gelacht oder geschwiegen? Gab es Streit, weil du nicht aufessen wolltest, bestimmte Gerichte abgelehnt oder mit dem Essen gespielt hast? Schreib über Kartoffelbreiberge und Soßenflüsse, Landschaften auf dem Teller.

4. BODEN

Erinnere dich an den Boden unter den Füßen als Kind. Spürst du das Gras unter deinen Füßen? Strand? Waschbetonfliesen? Erde? Schlamm? Siehst du den Matsch zwischen den Zehen hervorquellen? Lauf weiter und weiter, immer weiter. Wohin führt es dich? Geh in die verschiedenen Räume, erinnere dich an kalte Fliesen im Bad und Linoleum in der Küche, an Holzdielen und Teppichböden.

5. SCHNECKEN

Schreib über Schnecken. Weinbergschnecken, Nacktschnecken, Meeresschnecken. Hast du als Kind Schneckenhäuser gesammelt? Dir Schnecken auf die Arme oder Beine gesetzt? Erinnere dich an die silbrigen Spuren, die sie auf der Haut hinterlassen haben, ihre winzigen Fühler. Oder hast du Schnecken gegessen? Ein berühmter japanischer Haiku lautet: »Die kleine Schnecke / ganz langsam steigt sie hinauf / auf den Berg Fuji.« Ganz langsam schreibst du dich voran. Oder ganz schnell? Manchmal kommen die Erinnerungen so schnell, dass man kaum hinterherschreiben kann.

Schreibend erforsche ich die Welt. Meine Welt.

6. WUNDEN UND NARBEN

Schreib über eine Verletzung aus deiner Kindheit, eine Wunde, eine Narbe. Die Klassiker: aus der Schaukel gefallen, von der Wippe, vom Fahrrad. Erinnere dich daran, wie du zum ersten Mal dein eigenes Blut gesehen und geschmeckt hast, diesen seltsamen roten Saft. Erinnere dich an den Schorf. Das lustvolle Abpulen. Schreib über Knochenbrüche und Gipsverbände. Wie besonders du dich gefühlt hast mit deinem Gipsarm. Und wie es dir gedämmert hat, dass du verletzlich bist. Und andere ebenso.

7. KLEIDUNG

Schreib über ein Kleidungsstück, das du als Kind gehasst oder so heiß geliebt hast, dass es wie eine Rüstung für dich war. Ein wunderschön scheußlicher Pullover mit aufgesticktem Elch, ein Badeanzug mit Rüschen, Lackschuhe, die nicht verkratzen durften, coole Turnschuhe, uncoole Sandalen, eine ganz bestimmte Jeans, die Mütze, die du nie mehr absetzen wolltest.

Schreib über dein erstes selbstgekauftes Kleid, Anzug, Schuhe, einen Hut. Über Modeirrtümer und Verirrungen. Erinnere dich an die Person, die du in dieser Kleidung warst oder gehofft hast zu sein.

8. LÖWENZAHN

Schreib über Löwenzahn. Erinnere dich an die weiße Milch aus den Stengeln und die braunen Flecken an den Händen, an das Gelb der Blüten, die hauchzarten Pusteblumen. Erinnere dich an Löwenzahnketten, an Löwenzahnwiesen, an Löwenzahnsträuße, die du als Kind gepflückt hast, an Löwenzahnsalat, an die Versuche, den Löwenzahn im Garten auszurotten, schreib über Unkraut und Kräuter und Wiesen. Setz dich auf eine Wiese – und schreib über die Wiese.

9. HAARE

Schreib über Haare. Frisuren. Wie viele Frisuren hattest du schon? Von welcher Frisur hast du geträumt? Von einer langen Mähne? Einem Pixie? Einer anderen Haarfarbe? Schreib über das erste Mal beim Friseur, über schiefgegangene Friseurbesuche, Eigenversuche, radikale Veränderungen, schreib über die Haare des/der Geliebten, über Achselhaare, Schienbeinhaare, Schamhaare, Bärte, Vollbärte, Schnurrbärte.

Schreibend erinnere ich mich an mich selbst.

10. SPAZIEREN

Schreib über einen Spaziergang. Übers Wandern. Erinnere dich an Sonntagsspaziergänge mit den Eltern, den Großeltern, an Wanderungen in den Bergen, Strandspaziergänge, Wattwanderungen. Geh mit deinem Schreibjournal vor die Tür, und schreib alles auf, was du siehst. Setz einen Fuß vor den anderen, schreib einen Satz nach dem anderen, schau genau hin, und schreib es genau auf.

11. DUNKELHEIT

Schreib über etwas Dunkles. Den dunklen Keller, vor dem du dich gefürchtet hast, die schwarze Nacht, einen Moment, in dem alles verloren schien und es keine Hoffnung gab, die dunkle Nacht der Seele. Tauch ab und trau dich. Schreib darüber, es bringt dich nicht um. Du hast überlebt. Du bist hier und kannst darüber schreiben. Das macht die Katastrophe nicht kleiner, aber du beginnst sie zu besitzen und nicht sie dich.

12. LICHT

Schreib über einen Reflex an der Wand, der am Morgen da ist, wenn die Sonne ins Zimmer scheint, erinnere dich an das Licht in einem bestimmten Raum, an Deckenlampen, Stehlampen, Nachttischlampen, schreib über das Licht in einem anderen Land, gleißendes Sonnen- und silbernes Mondlicht, Kerzenlicht. Schreib über das Licht, das durch den Türspalt in dein Kinderzimmer fiel und ohne das du nicht einschlafen konntest.

13. MUSIK

Schreib über Musik. Erinnere dich an einen Song, an ein Instrument, an Musikunterricht, an schreckliche und reizende Musiklehrerinnen und -lehrer. Schreib über Blockflöte, Klavier, Saxophon, Geige. Ich erinnere mich jetzt gerade wieder an den Geruch vom bernsteinfarbenen Kolophonium und den Geigenbogen aus weißem Pferdehaar. Schreib über Musik, die dich schon lange begleitet. Hör diese Musik, und schreib darüber, wohin sie dich führt und wer du bist, wenn du sie hörst.

Ich schreibe, um diese unglaubliche Gelegenheit,
am Leben zu sein, ganz genau wahrzunehmen
und zu feiern.

14. ERDBEEREN

Schreib über Erdbeeren. Erinnere dich an Erdbeerpflücken, Erdbeerkuchen, Erdbeerpunsch und Erdbeerallergie. Kauf dir ein paar Erdbeeren, und steck die Nase tief in die Tüte. Schau sie dir an, diese Form, diese unvergleichliche Farbe! Beiß hinein, lass den Geschmack auf der Zunge zergehen – und erinnere dich.

15. SPORT

Schreib über Sport. Laufen, Springen, Handball, Basketball, Fußball, Skifahren, übers Liftfahren, die nassen Klamotten, riesige Germknödel auf der Hütte, über Schlittschuhlaufen, die Geräusche auf dem Eis, die blauen Flecke. Schreib über Triumphe und Niederlagen. Wie hat es sich angefühlt, der/die Schnellste zu sein? Der/die Beste? Oder immer nur ganz zum Schluss in ein Team gewählt zu werden? Wenn man keinen einzigen Bocksprung geschafft und sich vorm Sportunterricht gefürchtet hat?

16. FESTE

Schreib über Ostern, Ostereier bemalen, über die Färbestäbchen, die an den Fingern kleben, schreib über den Osterhasen, Ostergottesdienst und das göttliche Gelächter in der Nacht. Schreib über Weihnachten, geschmückte Weihnachtsbäume, Weihnachtslieder und Weihnachtsgans, über Vorfreude und Enttäuschung. Schreib über Chanukka und Ramadan, über deine eigene Tradition und die fremden Gebräuche der anderen. Schreib über Feste. Geburtstagsfeste, Jubiläen, Hochzeiten, Partys.

17. ETWAS, DAS DU KANNST

Fühlst du dich heute uninspiriert? Kannst du es einfach nicht? Bist du zu blöd, zu uncool, zu was weiß ich? Kritisiert heute der Rabe auf deiner Schulter alles, was du schreibst, und zerstört es? Schreib zehn Minuten über etwas, das du kannst. Fahrradfahren. Ein Ei braten. Lesen. Schwimmen. Schnell einen Koffer packen. Mit den Händen die Zehen berühren. Einen Apfelkuchen backen. Den Abfluss reinigen. Aufräumen. Chaos verbreiten. Tanzen. Und nach zehn Minuten kannst du noch etwas: Du kannst schreiben.

Schreiben ist wie abwaschen.
Aber nicht abwaschen statt schreiben!

18. HAUT

Schreib über Haut. Deine Sommerhaut, deine Winterhaut, junge Haut, alte Haut, Pickel, Leberflecke, Hautfarbe. Schreib über Rassismus. Deinen Rassismus. Schreib darüber, wenn du wie ich weiße Haut hast, ob du denkst, nicht rassistisch zu denken, weil du dir des Privilegs der weißen Hautfarbe gar nicht bewusst bist. Schreib über dein Privileg oder deine Diskriminierung, wenn du eine andere Hautfarbe hast. Schreib über Rassismus, und lass uns versuchen, ihn zusammen zu überwinden.

19. MASKEN

Schreib über Masken. Mundschutzmasken, gebastelte Masken, Schönheitsmasken, Totenmasken, aber auch über die Maske, die du vor anderen trägst. Wer gibst du vor zu sein? Und wer bist du wirklich? Erinnere dich, wie du dir schon als Kind eine Maske zugelegt hast. Warst du immer lustig? Geduldig? Nie eifersüchtig? Still? Freundlich? Aufgekratzt? Erinnere dich an Fasching oder Karneval. Wer wolltest du gerne sein? Prinz? Schornsteinfegerin? Fliegenpilz oder Piratin?

20. HAUSTIER

Schreib über ein Haustier. Eine Katze, einen Hund, ein Pferd, eine Ratte, einen Fisch, einen Hamster. Erinnere dich an das Fell, den Geruch, die Geräusche. Oder durftest du kein Tier haben? Schreib über den Hund des Nachbarn. Die Katze auf Besuch. Das Aquarium der Schulfreundin. Einen Goldfisch zur Pflege. Schreib über die innige Liebe zu einem Tier und den Schmerz, als es verschwunden oder gestorben ist.

21. MILCH

Schreib über Milch. Wenn du keine trinkst oder laktoseintolerant bist, musstest du als Kind Milch trinken? Hast du gern Milch getrunken? Schreib über die Haut auf der Milch, über Kakao an einem kalten Wintertag, schreib über Käse, Butter, Joghurt. Über Kühe und ihre Zungen, ihren warmen Atem, ihre Augen. Bist du jemals mit bloßen Füßen in einen Kuhklacks gestiegen?

Schreiben ist, wie mit der Vergangenheit zu telefonieren und sie in die Gegenwart zu holen.

22. FLIEGEN

Schreib über Flugzeuge. Wann bist du zum ersten Mal geflogen? Kannst du dich erinnern, wie es war aufzusteigen, über den Wolken zu sein? Was gefällt dir am Fliegen? Was kannst du nicht ausstehen? Schreib über Flughäfen. Über den Sicherheitscheck, das Warten, das Einsteigen. Über Nachbarn im Flugzeug. Flugzeugessen. Über den Anblick des Sonnenauf- und -untergangs aus dem Flugzeugfenster. Schreib über das Gefühl, völlig losgelöst zu sein – oder voller Angst. Schreib über Flugzeuge am Himmel und über Kondensstreifen, die ich als Kind Kondensmilchstreifen genannt habe. Und wenn du jetzt lieber über Kondensmilch schreibst, schreib darüber.

23. SCHOKOLADE

Schreib über Schokolade. Besonders dann, wenn dein Leben gerade nicht besonders schokoladig ist, schreib zehn Minuten über etwas Süßes. Welche Schokolade hast du als Kind am liebsten gemocht? Schwarze oder weiße oder die mit Nüssen? Hast du die Schokolade aufgehoben? Oder sofort verschlungen? Schreib über Schoko-Osterhasen, Schoko-Weihnachtsmänner, über Süßigkeiten, die du dir am Kiosk gekauft hast. Oder vielleicht geklaut hast?

24. STEHLEN

Schreib über Stehlen. Klauen. Was hast du als Kind geklaut? Ein Spielzeug, einen Radiergummi, Kaugummi? Hattest du ein schlechtes Gewissen? Oder keins? Nie etwas geklaut? Hast du später im Leben etwas gestohlen? Flugzeugdecken, Hotelhandtücher, Aschenbecher, eine Espressotasse aus Venedig? Nie? Nichts? Wirklich nicht?

25. VERGÄNGLICHKEIT

Erinnere dich an etwas Vergängliches. An etwas, das so fragil ist, so zerbrechlich und so schnell vergeht wie die Kirschblüte. Ein Kuss, der Geruch eines Babys, eine Pusteblume, ein Sommerabend. So schön – und noch während man es wahrnimmt, weiß man, es wird vergehen.

Ich schreibe, um einen Sinn zu finden, obwohl es am Ende wahrscheinlich keinen gibt.

26. TOD

Irgendwann muss es sein, irgendwann muss man über Verlust schreiben, über den Tod. Er verbindet uns wie sonst kaum etwas. Schreib also über den Tod. Fürchte dich nicht. Schreib über Menschen, die du verloren hast, schreib über den Tod als grässlichen Gesellen, über den Tod als Begleiter, großen Lehrer, mach dich lustig über ihn wie in Mexiko, schreib über Trauer. Heul dir die Augen aus dem Kopf beim Schreiben. Es bringt dich nicht um. Schreib weiter.

27. REISEN

Erinnere dich an eine Reise als Kind im Auto, an Staus auf der Autobahn, deinen Platz auf dem Rücksitz, den Reiseproviant, die Kassetten, die Spiele, die Lieder, die Langeweile, die verbotene Frage: Wann sind wir da? Erinnere dich so genau wie möglich. Der präzise Kinderblick ist der Schreibblick. Versuch mit diesem Blick auf die ganze Welt zu schauen. Schreib über deine erste Reise allein, eine Reise in ein fremdes Land. Wer warst du in der Fremde? Was war dir fremd? Hat es dich belebt oder beängstigt? Hast du dich verirrt? Schreib über fremdes Essen, fremdes Verhalten, fremde Töne, fremde Bilder. Ganz weit weg oder ganz nah – vielleicht die Wohnung der Tante?

28. BAUM

Schreib über einen Baum. Erinnere dich an einen Baum, an dem du jeden Tag vorbeigegangen bist als Schulkind, später auf dem Weg zur Arbeit, zum Rendezvous. Ein Baum, der hinterm Haus stand, vor dem Haus, im Garten der Großeltern, der Nachbarn, der Freunde, im Park oder Wald. Schreib über Blätter im Herbst, Lindenblüten, Holunderbeeren, Kastanien, Eichenblätter. Ein Eichenblatt ist Siegfried im Drachenblutbad auf die Schulter gefallen und hat ihn verletzlich gemacht. Wo ist deine empfindliche Stelle? Wo bist du verletzlich? Lass dich treiben, denk nicht nach, schreib weiter.

29. MÖBEL

Schreib über ein Möbelstück. Das Sofa der Großmutter, die Stehlampe des Vaters, das Bücherregal der Mutter, den Ohrensessel des Onkels, den hässlichen Couchtisch des Angebeteten, das selbstgemalte Bild der Freundin, deinen Schreibtisch. Schreib über das erste Möbelstück, das du dir gekauft hast. Die erste Einrichtung. Das erste Billy-Regal. Und das letzte. Über Lieblingslampen und wacklige Stühle, verkratzte Tische und provisorische Nachttische. Geh durch deine Wohnung, und schreib über jedes Möbelstück. Warum steht es da? Und wie fühlt es sich? Schreib aus der Sicht deiner Schreibtischlampe über dich.

Die genaue Beschreibung der Einzigartigkeit jedes Einzelnen von uns bewahrt uns vor der Vorstellung, dass die Dinge klar und einfach sind. Sind sie nicht.

30. REIS UND NUDELN

Schreib über Reis. Über Reisgerichte in deiner Kindheit, schreib über Basmatireis, Langkornreis, Sushireis, Naturreis. Wie wurde zu Hause der Reis gekocht? Isst du gerne Reis? Wie kochst du ihn? Hast du jemanden bei einer Hochzeit mit Reis beworfen, ein bemaltes Reiskorn erstanden, woran erinnerst du dich, wenn du über Reis schreibst? Schreib über Nudeln. Spaghetti. Nudelauflauf. Nudelsalat. Mach den Kühlschrank auf, und schreib über jedes Lebensmittel, das du darin findest. Nichts da außer einer vertrockneten Tube Senf? Dann gib deinen Senf dazu. Hahaha.

31. BRILLE

Schreib über Brillen. Warst du als Kind eine Brillenschlange? Hast du dich für deine Brille geschämt? Oder hast du dich hinter ihr versteckt? Schreib über Sonnenbrillen, die perfekte, sündhaft teure Sonnenbrille. Über Kontaktlinsen, das Theater mit dem Aufbewahren und Einsetzen, wie du im Bett des/der Geliebten eine Kontaktlinse verloren hast und nicht mehr mit dem Auto nach Hause fahren konntest.

32. BANANEN

Schreib über Bananen. Hast du als Kind gern Bananen gegessen? Oder Bananenbrei? Erinnere dich an den Geruch von Bananenbrei, an Bananenbrot, Bananenpflanzen in weit entfernten Ländern oder als tapfere Topfpflanze. Schreib über grüne Bananen und matschige Bananen, über Bananenschalen und Bananenverrückte. *It's bananas!*

33. TEPPICH

Schreib über einen Teppich, auf dem du als Kind gesessen hast, über den du gekrochen bist, dessen Fransen du gekämmt und geflochten hast, auf dessen Muster du mit Autos gefahren oder mit kleinen Pferden entlanggaloppiert bist. Erinnere dich an den magischen Teppich deiner Kindheit. Schreib über einen Teppichkauf, kostbare Teppiche und billige, über Flecken im Teppich und Teppichschaum.

Zu schreiben bedeutet, nicht vor der Wahrheit zu fliehen, sondern in sie zurückzufinden.

34. KRANKHEIT

Erinnere dich an eine Krankheit, die du als Kind hattest. Schreib über Fiebermessen, Umschläge, Medizin, über seltsame Hausmittel, Sauerkraut auf der Brust oder Halswickel mit Zwiebeln. Was musste man auf jeden Fall vermeiden, um nicht krank zu werden? Niemals mit nassen Haaren aus dem Haus gehen, sich nicht auf kalte Mäuerchen setzen, immer Hausschuhe anziehen, Schal tragen und nicht bauchfrei herumlaufen? Vielleicht warst du als Kind schwer krank oder im Krankenhaus? Erinnerst du dich an den Geruch, an die Geräusche, das Licht?

35. SCHWIMMEN

Schreib übers Schwimmen, erinnere dich ans Meer, an Seen und Flüsse, Freibäder, Hallenbäder. Hast du den Freischwimmer gemacht? Stolz das kleine Seepferdchen auf der Badehose getragen? Schreib über Planschen, Schnorcheln, Tauchen, die Welt unter Wasser. Schreiben ist Unterwassertätigkeit, ein Abtauchen in das Meer der Erinnerungen. Wie tief kannst du tauchen?

36. FREUND ODER FREUNDIN

Schreib über einen Freund oder eine Freundin. Schreib über Haare, Augen, die Nase, den Mund, schreib über die Hände der Freundin, des Freundes, die Beine, die Füße, die Schuhe, die Kleidung. Ihre/seine Sprache, Art und Verhalten. Schreib über einen Nachmittag, einen Abend, Ferien, die ihr zusammen verbracht habt. Über Streit und Versöhnung. Über die Angst, den Freund oder die Freundin zu verlieren. Die Freude, sich wiederzufinden. Über Funkstille. Telefonate. Chats. Ratschen, quatschen und wortloses Glück.

37. KAFFEE UND TEE

Schreib über Kaffee. Über Caro-Kaffee, den es für Kinder gab, und Filterkaffee für die Erwachsenen, erinnere dich an Kaffeefilter, Kaffeeklatsch, Kaffeegeruch und Blümchenkaffee. Schreib über Eiskaffee und Cappuccini mit Sahne, über kunstvoll geschäumte Milchhauben, Espressi und Latte Macchiato in Cafés. Erinnere dich an Nescafé und Kaffeebohnen. Schreib über Kaffeesüchtige und Teetrinker, Teetassen und Teestuben, Teebeutel und Matchatee.

Warum mit der Hand schreiben?
Weil die Hand wir selbst sind.

38. TELEFON

Schreib übers Telefon. Wie sah das Telefon deiner Kindheit aus? Wo stand es? Im Flur? Im Wohnzimmer? Wer hat am meisten telefoniert? Erinnere dich an den Hörer, den Ton des Freizeichens, die alte Telefonnummer, Telefonzellen. Schreib über das Telefonieren in anderen Ländern. Dein erstes Handy. Wie du auf einen Anruf gewartet hast, dich nicht getraut hast, jemanden anzurufen, kein Geld fürs Telefonieren hattest. Über schöne und schreckliche Telefonate.

39. GLÜCK

Schreib über Glück. Wann hast du Glück gehabt? Wann warst du glücklich? Erinnere dich an glückliche Momente. Schreib über das Glück, am Leben zu sein, das Glück, dass heute die Sonne scheint, das Glück, dass du nicht krank bist, das Glück, andere Menschen zu haben, Freunde, Familie. Das Glück, einen Parkplatz vor der Tür zu finden und gerade keine Zahnschmerzen zu haben.

40. PECH

Schreib über Pech. Wann hattest du richtig Pech? Wann hat sich das Pech in Glück verwandelt oder andersherum? Kennst du die Geschichte von dem armen Mann und seinem einzigen Sohn, der in den Krieg ziehen soll? Pech. Dann bricht der Sohn sich ein Bein und muss nicht in den Krieg. Glück. Aber er kann deshalb auch nicht mehr arbeiten. Pech. Er muss zu Hause bleiben und lernt dort die Frau seines Lebens kennen. Glück. Diese Frau aber liebt einenanderen. Pech. Und so weiter und so weiter …

41. SCHLAFEN

Schreib übers Schlafen. Bist du ein Lang- oder Kurzschläfer? Hattest du als Kind Alpträume? Bist du schlafgewandelt? Erinnere dich an Mittagsschlaf, ins Bett gehen sollen, nicht einschlafen können. Erinnere dich an schlaflose Nächte. Ans Verschlafen. An den Schlaf mit geliebten Menschen im Bett, mit Kindern und Tieren.

Die Welt in mir als Echo und Inspiration. *Spirare* – atmen. Schreiben heißt die Welt einatmen.

42. MITBRINGSEL

Geh durch deine Wohnung, und lass dich inspirieren von all den Dingen, die du gekauft, geerbt, geschenkt bekommen hast, die du mitgebracht hast von Reisen und die dich erinnern an andere Länder, andere Menschen und an dich selbst. Ich habe die Plastiknachbildung eines menschlichen Gehirns von weither mitgeschleppt. Sie steht auf meinem Schreibtisch und erinnert mich an das Wunder der Erinnerung.

43. TANZEN

Schreib übers Tanzen. Tanzt du gerne? Oder nicht? Erinnere dich an Tanzstunden, den ersten Tanz, deinen Tanzstil. Schreib über Clubs, Raves, Hochzeitswalzer, Tanzen auf der Straße, am Strand, auf Partys. Schreib über Ekstase und Peinlichkeit beim Tanzen. Von dir und anderen.

44. TIERE

Schreib über einen Fuchs, einen Uhu, ein Eichhörnchen, eine Amsel, eine Maus, einen Frosch, einen Grashüpfer. Erinnere dich an sie, und gib ihnen einen Platz in deinem Leben. Schreib über eine Begegnung mit einem Tier, vor dem du Angst oder Respekt hast, ein Tier, vor dem du dich ekelst, ein Tier, das du göttlich findest. Schreib über Elefanten und Insekten, über Quallen, Fische und Hummer. Schreib über die Kuh und das Schwein. Über all die Tiere, die du bereits gegessen hast. Schreib über den kleinen kläffenden Hund vom Nachbarn, dem du so gern die Gurgel umdrehen würdest. Und dann schleckt er dir so nett die Hand …

45. AUTO

Schreib über Autos. Das Auto, in dem du als Kind auf dem Rücksitz gesessen hast. Schreib über den Anblick der Eltern von hinten, den Kampf mit den Geschwistern. Schreib über Autos von anderen, dein erstes Auto, über Knutschen und Sex im Auto wie im amerikanischen Kino, über angstvolle Autofahrten und glückliche. Schreib über zugemüllte Autos und saubere, über Männer und Autos und Frauen und Autos, schreib über den Blick auf vorbeiziehende Baumalleen aus dem offenen Verdeck.

Ich weiß nur, dass man, wenn man Wort für Wort, Satz für Satz über die Welt schreibt, in der man sich befindet, eine Ahnung von sich selbst bekommt.

46. FEUER

Schreib über Feuer im Kamin, Herbstfeuer, Lagerfeuer, Grillfeuer, Strandfeuer. Mit wem hast du wann vor einem Feuer gesessen? Schreib über die Wärme von vorn und die Kälte von hinten. Erinnere dich an Adventskränze, die in Flammen aufgingen, Waldbrände, Feuerwerk. Fürchtest du dich vor Feuer, oder fasziniert es dich? Kannst du ein Feuer machen?

47. REGEN

Schreib über Regen. Lebst du an einem Ort, an dem es ständig regnet? Oder gar nicht? Wirst du missmutig, wenn es regnet, oder freust du dich auf einen gemütlichen Tag im Bett? Erinnere dich an Sommerregen, Nieselregen. Pladderregen, Pfützen, Gummistiefel und Gewitter. Schreib über Regenschirme und Regenjacken, Regen auf dem Fahrrad, an Bushaltestellen, auf Wanderungen. Hast du im Regen schon mal *Singing in the rain* gesungen?

48. ANGST

Schreib über Angst. Vor wem hattest du als Kind Angst? Vor einem großen Hund? Einem Lehrer? Der Klavierlehrerin? Ärztin? Nachbarn? Vor den Eltern? Dem Keller? Spinnen? Hattest du Angst vorm Einschlafen? Oder davor, aufzuwachen und ganz allein zu sein? Angst vorm bösen Wolf? Hast du dich verirrt, allein im dunklen Wald? Welche Ängste hast du heute? Wer sind deine Dämonen?

49. FARBEN

Schreib über deine Lieblingsfarbe. Dann über jede Farbe. Über Himmelblau und Rosarot, Zitronengelb und Aschgrau, Französischgrün. Über das tiefste Schwarz und das hellste Weiß. Weite dein Spektrum immer mehr aus.

Schreibend halte ich mich am Leben und überlebe.
Jeden Tag wieder.

50. GESCHENKE

Schreib über Geschenke. Erinnere dich an deine ersten Geschenke, die du bekommen hast, und die, die du selbst gemacht hast. Getöpferte Aschenbecher und Kastanienmännchen? Selbstgemalte Bilder und gehäkelte Topflappen? Schenkst du gern? Oder wirst du lieber beschenkt? Schreib über scheußliche und schöne Geschenke. Über Geschenke, die du nicht wegwerfen kannst. Schreib über materielle und ideelle Geschenke, ersehnte, überraschende und wunderbare.

NACHWORT

Wenn du dieses Journal vollgeschrieben hast und verstehst, dass dich alles zum Schreiben inspirieren kann, schreib weiter über dein einzigartiges Leben. Dieses Geschenk, das oft nicht das richtige zu sein scheint, weil man sich ein anderes gewünscht hat, ein kleineres, größeres, schickeres, besseres. Manchmal kommt es zu spät oder zu früh, manchmal mag man es nicht auspacken, um nicht enttäuscht zu werden, oder es ist so klein und bescheiden, dass es einem nicht als Geschenk erscheint. Manchmal ist es auch einfach nur scheußlich. Aber es ist nun mal das einzige, das wir bekommen.

Zu schreiben bedeutet, dieses Geschenk anzunehmen und es auszupacken. Ihm auf den tiefen Grund zu gehen, dorthin, wo die Geschichten vielleicht nicht mehr hübsch und ordentlich sind, sondern schillernd, giftig, schmerzhaft und wüst.

Weitermachen. Jeden Tag nur zehn Minuten schreiben. Der Schreibmuskel ist ein Muskel, der verkümmert, wenn man ihn nicht trainiert. Aber jeden Tag nur ein bisschen Bewegung, ein wenig Stretching, das reicht. Zehn Minuten sind immer zu schaffen, da greift die Ausrede nicht, man habe keine Zeit. Stell den Wecker. Zehn Minuten, während die Spaghetti kochen, das Bad besetzt ist, der Bus nicht kommt. In der Straßenbahn, im Flugzeug, im Wartezimmer. Nur zehn Minuten. Zu schreiben ist eine Art Ermächtigung: Man holt sich die Zeit zurück. Verpasst sein eigenes Leben nicht mehr.

Wenn wir Wort für Wort, Satz für Satz über die Welt schreiben, in der wir uns befinden, bekommen wir eine Ahnung von uns selbst. Schreiben ist Unterwassertätigkeit, ein Abtauchen in Regionen, die einem unbekannt sind oder die man vergessen hat. Man entfernt sich von der Welt über Wasser und darf nicht in Panik geraten. Man taucht ab in das eigene Leben. In das Leben, das man wirklich hat, nicht das, das man sich vielleicht wünscht. Man ist mit einem Mal dort, wo einem niemand zuschaut. Ganz bei sich. Ruhig weiteratmen. Weiterschreiben. Weitermachen. Niemand, niemand auf der ganzen Welt kann so über dich und dein Leben schreiben wie du selbst.

Doris Dörrie

Leben, schreiben, atmen

Eine Einladung zum Schreiben

Schreiben heißt für Doris Dörrie, das eigene Leben bewusst wahrzunehmen. Wirklich zu sehen, was vor unseren Augen liegt. Oder wiederzufinden, was wir verloren oder vergessen haben. Es ist Trost, Selbstvergewisserung, Anklage, Feier des Lebens.
Doris Dörrie denkt in diesem einzigartigen Buch über das autobiographische Schreiben nach, gibt Tipps und kreative Anleitungen. Und sie legt gleich selbst los und erzählt hinreißend ehrlich von ihrem eigenen Leben.

»Schreibend Klarheit über sein Leben zu gewinnen: Nichts weniger als das hat Doris Dörrie in ihrer motivierenden Schreibschule im Angebot.«
Denis Scheck / Der Tagesspiegel, Berlin

»Ein Musenkuss für alle, die das autobiographische Schreiben für sich entdecken oder perfektionieren möchten.«
Bernhard Blöchl / Süddeutsche Zeitung, München

Auch als Diogenes Hörbuch erschienen,
gelesen von Doris Dörrie